Claudia Souto e Paulo Augusto

Ogum
Lendas, arquétipo e teologia

Copyright © 2020 Editora Rochaverá Ltda. para a presente edição

Todos os direitos reservados para a Editora Rochaverá Ltda. Nenhuma parte desta edição pode ser utilizada ou reproduzida por qualquer método ou processo sem a expressa autorização da editora.

Título

Ogum
Lendas, arquétipo e teologia

Autores
Claudia Souto / Paulo Augusto

Revisão
Ileizi Jakobovski / Alexandra Baltazar

Capa
Fábio Galasso / Thiago Calamita

Edição e Diagramação
Fábio Galasso

Internacional Standard Book Number
ISBN: 978-65-00-04516-1 / 64 páginas

OGUM | 3 | A Bíblia Real
ESPÍRITA

Sumário

Introdução - 6

Lendas, arquétipo e definições de Ogum - 8

Definições - 9

Os Orixás segundo as tradições religiosas - 9

Lendas do Orixá Ogum - 11

Arquétipo e semelhança - 13

Características dos filhos de Ogum - 14

O sincretismo - 16

São Jorge Guerreiro - 18

Teologia Espírita Ogum - 20

O Dragão cultuado pelos homens - 21

O Dragão e a verdadeira fé - 25

Natureza santa e os Santos - 27

Porque representam as forças da natureza - 30

São Jorge ou Ogum? O que é Santo? - 32

Mártir ou Orixá - 35

Ogum, santidade sobre as forças vitais - 40

Lutas pessoais e de Ogum - 44

Eterno Guerreiro diante de Deus - 48

Exército de Deus - 49

Ser de Ogum - 53

Devocionário aos Santos e Servos de Deus - 54

Abrigo divino - 55

Conhecendo os Santos - 58

Falando com Deus através dos Santos - 60

Santificados sejam todos os Santos - 61

INTRODUÇÃO

Este livro surgiu da real necessidade dos espíritas e filhos de Ogum terem algo segmentado em que pudessem pesquisar e aprender ainda mais sobre essa santidade, fonte de energia de luz espiritual divina de uma forma mais sacrossanta e não somente através das lendas e histórias de vossa unidade.

O conteúdo deste livro está dividido em duas partes, sendo a primeira parte a história sobre as lendas e o arquétipo segundo o entendimento popular e as tradições das religiões de matrizes espírita/africana e a segunda parte um conteúdo teológico espiritual segundo as orientações e ensinamentos de A Bíblia Real, a primeira bíblia espírita do mundo.

E para facilitar este entendimento teológico inserimos uma introdução teológica sobre a mediunidade e as forças espirituais que regem e governam essas forças santificadas em terra para lhe ajudar na busca e no entendimento Santo em relação ao trabalho dos Santos em terra.

No final, colocamos alguns conceitos teológicos da doutrina espírita umbandista através da ótica dos espíritos, pois consideramos relevantes que cada ser tenha consciência do caminho que segue, enquanto espírita e devoto dos espíritos.

Para finalizar desejamos que todo este trabalho seja uma mais-valia para todos os que servirem dele, pois o conhecimento teológico é essencial na vida de todos aqueles que busquem crescer e evoluir através dos espíritos.

Os autores:

A Bíblia Real

Lendas, arquétipo e definições de Ogum

1. Definições

Cor: Vermelho ou Azul Escuro

Elemento: Ferro

Dia da semana: Terça-feira

Comemoração: 23 de abril

2. Os Orixás segundo as tradições religiosas

Os Orixás são ancestrais divinizados pelo culto do candomblé, religião trazida da África para o Brasil durante o século XVI, pelo povo Ioruba. Dentre os Orixás que eram cultuados estão Ogum, dono do ferro e do fogo, também defensor da ordem, grande guerreiro que abre caminhos e vem de longas lutas, cuidando e protegendo os mais fracos e indefesos. Outro Orixá importante é Exú, considerado senhor do princípio e das transformações.

De acordo com o Dicionário de Cultos Afro-Brasileiros de Olga Cacciatore, os Orixás são divindades intermediárias entre Olorum (o deus supremo) e os homens em terra. Na África eram cultuados cerca de 600 Orixás, destes foram trazidos para o Brasil cerca de 50, que estão reduzidos por volta de 16 no Candomblé e cerca de 8 na Umbanda. Mas muitos destes são considerados como antigos reis, rainhas e heróis divinizados, os quais representam as vibrações das forças e elementos da Natureza como raios, trovões, tempestades, águas, caça, colheita, rios, cachoeiras, como também grandes ceifadores da vida humana, representando as doenças e pestes epidêmicas; e ainda cobradores das leis sociais e do direito, como leis morais bem como as leis divinas por força da justiça santa do Criador através dos Exús.

No Brasil, cada Orixá foi associado a um Santo da igreja católica, numa prática que ficou conhecida como sincretismo religioso. Ogum é sincretizado com São Jorge, na maioria doa estados brasileiros, sua data é comemorada em 23 de abril .

3. Lendas do Orixá Ogum

Segundo as lendas e o conhecimento popular e das religiões de vertente espírita/africana, Ogum é um guerreiro. Na religião Ioruba é citado como o primeiro Orixá a descer ao reino de ILe Aiye ("Terra"), com o objetivo de habitar para uma futura vida humana, por consequência recebeu o nome de Oriki ou Osin Imole, que significa o "primeiro Orixá a vir a Terra". E talvez tenha sido a primeira divindade cultuada pelos Iorubás.

Considerado senhor do ferrão, da guerra, da agricultura e da tecnologia, Ogum era filho mais velho de Odudua, fundador da cidade de Ifé. Ogum assume o título de rei quando seu pai perde a visão momentaneamente.

Outra lenda deste Orixá diz que certa vez Ogum foi chamado para uma batalha, sem data para voltar. Antes de sua partida ele solicitou ao seu filho dedicar um dia no ano em seu nome enquanto ele estivesse em batalha. Em todos os anos durante o dia determinado toda população deveria fazer jejum e silêncio em sua homenagem. Ogum ficou durante sete anos em batalha, mas quando retornou para sua aldeia, não foi atendido por ninguém ao pedir comida e bebida, todos permaneciam em absoluto silêncio como se não o conhecessem mais.

Ogum revoltado e enfurecido por não ter sido recebido com festa, destruiu e dizimou toda a aldeia com sua espada. E somente ao ter sido contido por seu filho e por Exu, tomado por vergonha e grande remorso abriu o chão com sua grande espada e se enterrou de pé.

4. Arquétipo e semelhança

Segundo o entendimento popular religioso, as pessoas que são guiadas por algum Orixás, ou Orixá de cabeça, são aquelas que possuem características dominantes e personalidade semelhantes aos seus guiadores. Seguindo este entendimento, consideram os filhos de Ogum como sendo pessoas de temperamento e opinião fortes em relação aquilo em que acreditam. Em geral possuem comportamento coerente sobre o que pensam, são explosivos e passionais em suas ações. São também pessoas consideradas teimosas e não gostam de trabalhos repetitivos e rotineiros.

5. Características dos filhos de Ogum

Conforme ainda, o entendimento popular e lendário, os filhos e filhas de Ogum são pessoas de temperamento forte e impacientes. Nos relacionamentos pessoais são pessoas instáveis, costumam trocar de parceiros com facilidade não se prendendo aos romances por muito tempo.

De temperamento porte e impaciente, muitas vezes são duros em suas palavras. São pessoas bastante verdadeiras no que dizem, porém de maneira um tanto áspera e costumeiramente não perdem tempo com explicações, são diretos e objetivos.

São naturalmente pessoas batalhadoras e guerreiras, lutam por aquilo que acreditam até as últimas circunstancias. E pelo fato de serem batalhadores, não acreditam em probabilidades ou acasos, usam de todas as formas para alcançarem seus sonhos ainda que demore anos de lutas e combates.

Os filhos e filhas de Ogum são pessoas simples, de hábitos simples, preferem um bom descanso de muita paz e serenidade em uma casa no campo a perder tempo com desejos caros que lhes tiram a naturalidade e os hábitos pacíficos. Possuem os pés no chão, e não entram em lutas para perder tempo. Honram suas vontades e satisfação pessoal acima de tudo.

A principal característica dos filhos e filhas de Ogum, conforme o consenso popular é que eles não desistem jamais de um sonho ou objetivo, batalham com ímpeto e são incansáveis em suas buscas pessoais. Porém precisam cuidar para que não se tornem pessoas desagradáveis ou indesejáveis uma vez que naturalmente possuem instinto de liderança. Porque muitas vezes o instinto de luta e batalha pessoal pode transparecer arrogância e prepotência para pessoas que não lidam com facilidade com a importância da humildade

Em geral, são pessoas comunicativas e alegres, que gostam de compartilhar seus sonhos e conquistas com todos em sua volta.

6. O sincretismo

No catolicismo, Ogum é representado por São Jorge, também considerado um verdadeiro guerreiro em suas lutas e batalhas em favor dos que não tinham voz e eram oprimidos, tendo atuado como um grande líder, fiel e leal a sua crença, e por isso foi reconhecido como mártir religioso.

São Jorge, que ainda hoje é considerado um Santo católico é um dos mártir mais cultuado por todo o mundo, tendo sua imagem ligada à justiça e a força de luta e batalha em nome da fé e da verdade, em que acreditava.

É bastante comum que os Orixás sejam comparados ou sincretizados com Santos católicos, já que durante a colonização no Brasil o culto aos Orixás era totalmente proibido, então, os escravos colonizados do continente africano, para que pudessem honrar seus Orixás praticarem as suas crenças, passaram a associar suas divindades aos Santos martirizados pelo catolicismo.

Mesmo com forte sincretismo, Ogum é um Orixá das religiões de matriz africana ou "vertente espírita", como a umbanda e o candomblé, e considerado igualmente um forte guerreiro associado a ferraria e a criação de armas de ferro e ferramentas. Tudo por força de suas habilidades em criar, produzir e manusear suas próprias armas.

Este Orixá que tem origem no continente africano tinha como uma de suas missões, liderar pessoas e outros Orixás. Na Nigéria, ele foi quem abriu os caminhos pelas matas e florestas com suas armas, facas e machados; e por isso, também é conhecido como o Orixá que abre os caminhos e defende seu povo lutando contra a injustiça e a opressão.

Como um bom mestre, compartilhou o dom da siderúrgica e tática de guerra e caça com outros homens de sua aldeia. Ainda que esse Orixá não tenha ligação com o campo agrícola, Ogum tem uma ligação direta com o plantio e a colheita devido ter sido pioneiro na construção de equipamentos e ferramentas também utilizadas na agricultura e colheita primitiva, como por exemplo, antigos modelos de enxada e foice.

Segundo o entendimento popular Ogum também é conhecido por não gostar de pessoas mentirosas e ladrões, logo, ficou conhecido por fazer justiça com aqueles que cometem algum tipo de injustiça.

Grande lutador e vencedor é o Orixá conhecido como aquele que vence o dragão!

7. São Jorge Guerreiro

A história conta a trajetória de um soldado romano que teria vivido há mais de 1.700 anos na Capadócio, atual Turquia. Jorge era de família cristã e lutava no exército romano desde jovem. Após a morte de seu pai, ele e sua mãe mudaram-se para a Palestina, e apenas com 23 anos de idade foi promovido a capitão do exército. Portador de uma habilidade invejável com a espada despertou muito interesse e a inveja de muitos outros soldados.

Mas foi na época em que mudou-se para a corte Romana para exercer altos cargos, que tomou conhecimento de que Diocleciano, o imperador, estava organizando um extermínio contra os cristãos. Mas Jorge que era igualmente cristão, apresentou-se e enfrentou o imperador se recusando a abandonar a sua fé e lutar contra os cristãos; mas o imperador implacável, mandou torturá-lo.

A lenda conta ainda que Jorge havia sobrevivido milagrosamente a vários suplícios antes de finalmente morrer, sem jamais renunciar a sua fé e portanto, foi martirizado.

Sua história ficou conhecida mundialmente não apenas porque as cruzadas tiveram repercussão mundial, mas também porque as cruzadas eram lideradas pelos cavaleiros da nobreza, então São Jorge se tornou rapidamente popular entre eles, principalmente nos países da Europa como Inglaterra, Grécia, Lituânia e Malta onde se tornou Santo padroeiro.

Teologia Espírita Ogum

1. O Dragão cultuado pelos homens

Dragões ou drago, são criaturas presentes na mitologia dos mais diversos povos e civilizações pelo mundo. Geralmente são representados por animais de grandes proporções, em geral de forma reptiliana muito semelhante a lagartos e serpentes que carregam asas, grandes membros, penas, plumas, caldas e possui poderes mágicos ou hálito de fogo; quase que pertencente ao imaginário infantil.

A variedade de dragões existentes na história é inúmera e abrange diversos tipos de criaturas míticas, com poderes sobrenaturais e espirituais que difere dependendo da cultura e da tradição folclórica do povo.

Em culturas como a China, por exemplo, o dragão assume uma função simbológica de sabedoria, força, felicidade e prosperidade em outras culturas como a greco-romana o dragão assume uma função ameaçadora e surreal, muitas vezes relacionado ao paganismo, que fazia do dragão a besta-fera apavorante com significado mágico e espiritual relacionado ao mau e a destruição.

Existem diversas maneiras de descrever um mostro aterrorizante tentando abater e destruir os homens. No evangelho do novo testamento, por exemplo, que foi nascido do contexto greco-romano e judaico, igualmente no evangelho trazido por A Bíblia Real (A Bíblia Espírita), pode-se observar que existem alguns elementos desta antiga simbologia cultural para descrever as inúmeras formas de seres espirituais que lutavam contra os homens.

A besta apocalíptica, por exemplo, muito temida até os dias de hoje, é um ser horrendo que surge do mar com dez cabeças e sete assustadores chifres que passa a ser associado a um dragão. Outro estranho animal é um ser semelhante ao leopardo e que possui pés de urso e cabeça de leão, descrita como uma das simbologias espirituais mais malignas da bíblia. Este ser monstruoso que tem por objetivo destruir pessoas é também bastante semelhante ao dragão que interage com a besta e que luta contra o bem.

Porém, todas estas formas estranhas e medonhas, são maneiras de descrever as ameaças contra os filhos de Deus ao qual o apóstolo João (apocalipse) utilizou para falar sobre o mal incorporado e enraizado nos homens poderosos daquela época. Então para facilitar o entendimento, ele utilizou simbologias quando se referia sobre as feras, a besta, ao dragão e "a outra besta de dois chifres" semelhantes aos de um cordeiro que "falava como o dragão" e que era ainda mais poderosa que a primeira besta.

Então vejam que estas foram às formas encontradas por ele para descrever a cena histórica e espiritual da qual pode espiritualmente contemplar.

Portanto, tanto a besta quanto o dragão são simbologias de significado espiritual para descrever as imagens mais violentas representadas pelo ódio, pela fúria, pela repulsa e pela violenta abominação como forma de representação arquetípica da repugnância que sentia sobre o rei Erodes (o dragão) que desejava comer criancinhas e destruir inocentes em favor de seu narcisismo e arrogância, diante do medo de perder seu trono para o novo "rei da terra", o menino Jesus, que logo seria erguido como filho do Rei.

Porém, este fato ou estas simbologias não contrariam a existência de criaturas e seres espirituais de aparência e essências repugnantes e horrendas, porém, não era sobre estes seres ou entidades que ele se referia naquele momento!

Isso mostra que a figura do dragão sempre esteve presente na cultura religiosa e social de diversas sociedades e de diversas formas, não necessariamente um ser abominável, porém um ser dotado de símbolos e contextos malignos e totalmente voltado para o mau ou para a destruição ou contrário ao que é bom e Santo.

2. O Dragão e a verdadeira fé

O que a história nos conta, independente do sincretismo religioso, é a mais pura e verdadeira batalha santa, que é a batalha pessoal e espiritual de um ser encarnado, que acima de tudo é preciso crença, devoção, fidelidade, lealdade e muita coragem para vencer todo e qualquer dragão espiritual e terreno que possa lhe causar medo.

Mas a história de Ogum em relação a sua luta contra o dragão ressuscita uma antiga promessa espiritual de que se formos bons e verdadeiros com Deus em nossas atitudes e nossas ações, ganharemos forças e garra para vencer até o mais terrível dragão que assola nossos pensamentos e medos mais primitivos.

A figura guerreira de São Jorge ou Ogum é como o cajado de Moisés que se transforma em serpente para que a serpente possa exercer sua missão junto ao povo. Porque ainda que o homem seja corajoso e possua a mais sincera e honesta crença em Deus e em vossas forças, ele mesmo é quem deverá lutar as próprias lutas com suas próprias espadas em mãos, porém, somente com ferramentas e muita coragem é que isso se tornará real e verdadeiro.

Mas Deus com a vossa eterna bondade e lealdade para com aqueles que lhes são fiéis, lança sobre a toda e qualquer arma em forma de ferramentas de terra, sabedoria, inteligência e compreensão, garra e determinação para que os seus filhos e devotos possam ascender diante de qualquer batalha e luta. Seja esta espiritual ou temporal.

E o mais importante para que os homens saibam é que; por mais que as batalhas lhes pareçam perdidas devido à pouca força ou a falta de instrumentos, "o escudo ou a serpente espiritual" (como a serpente transformada por Moisés, com seu cajado) se levantará para auxiliar erguer aqueles que confiam e acreditam em Deus acima de todas as coisas.

Porque, assim como o "maná do deserto" um dia pôde alimentar povos famintos, porém crentes na verdade de Deus através de outro homem, assim também será a espada, o broquel e a energia santificada que fará de qualquer "mero encarnado" um verdadeiro soldado divino e confiante que vencerá a mais terrível, sangrenta e maligna guerra. E ainda que lhe falte, visão, conhecimento ou habilidades para enfrentar o "dragão", as mãos de Deus serão as mãos que se curvarão diante da humildade daqueles que se ajoelharam e rogarem poderes ao Sagrado Deus.

3. Natureza santa e os Santos

Antes de iniciarmos sobre esta entidade chamada Ogum, precisamos entender um pouco de como funciona a relação Deus/Santos e Santos/Orixás do ponto e vista teológico.

A natureza é quem nos conta sobre os segredos da vida e da morte de todos os seres diante dos ciclos de passagem evolutivas de todos os homens.

Os Orixás "não são a própria natureza", mas são as entidades espirituais que manipulam estas energias existentes nesse elo espiritual de evolução.

A natureza é a força santificada por Deus para abastecer a vida carnal, porque é sobre a natureza que Deus jorra todas as energias espirituais que o campo terreno precisa e também manipula as energias que existem em terra. Enquanto os Santos são as fontes de energia direta de Deus (A Bíblia Real Espírita) que emanam as energias espirituais santificadas para alimentar os encarnados de luz divina. A natureza é a fonte recebedora destas energias santificadas, atuando como um campo de recolhimento das fontes de energia direta de Deus.

Como funciona? A natureza é formada de vários elementos orgânicos e essenciais criados por Deus para que a vida na terra possa existir, e é através da natureza que Deus manipula a vida que nasce, cresce, se alimenta e se finda em campo terreno. E tudo isso, só é possível por força da própria natureza que recebe as energias essenciais de Deus para essa missão de alimentarem os homens e mantê-los vivos, até o fim de suas missões. Mas tudo isso só é possível com a ajuda dos Santos.

E como isso acontece? Deus precisa jorrar sobre o campo terreno suas próprias forças espirituais, porém, as energias do Senhor Deus de tão grandes que são, poderiam destruir o campo terreno. Imagine você colocar o planeta júpiter dentro de uma caixinha de sapato? Impossível não é? Isso é Deus, criador de todos nós, uma força descomunal e muitíssimo grande para colocar dentro do campo terreno. Então o Criador, criou e ordenou os Santos para que façam esse trabalho em seu nome. Isso quer dizer, ele criou e ordenou 7 distintas fontes de energias com poderes essenciais e as santificou, para que possam através desta divisão de forças em outras 7 fontes de energias, Ele mesmo sustentar os elementos orgânicos e os seres encarnados. E assim, conseguir manter todos os seres que possam existir igualmente vivos por ordem divina

Por isso os Santos são a força divina que alimentam o campo natural e não a própria natureza, pois esta não possui vida por si própria, a não ser através do poder e da ordem de Deus de cumprir a missão de alimentar a vida da terra. Assim podemos compreender que a natureza somente é viva porque recebe as forças de luz viva de Deus. E é através destas forças de energia que os Orixás manipulam as energias que vibram neste campo material de forma orgânica.

4. Porque representam as forças da natureza

Os Santos descarregam suas forças espirituais, compostas por luz divina e cheias de energia santificada sobre os elementos da natureza, eles não são a própria natureza, mas sim receptores das forças divinas e "derramadores" destas forças sobre a terra.

O poder de manipulação dos elementos naturais vem exatamente deste fato, pois ao mesmo tempo em que as recebem precisam também derramar, caso contrário seriam destruídos devido o tamanho da força que recebem e manipula. Então, derramar sobre algum elemento que pertence à em terra é a forma de trazer em terra as forças de Deus. E a natureza grandiosa e poderosa que é ganha todas essas energias e as torna vivas tornando vivo tudo o que tem vida orgânica.

Por isso, as forças espirituais santificadas representam o poder da natureza, pois estão diretamente ligados ao poder natural dos elementos da terra, consagrados por Deus. E todas estas energias e formas de emanação nos direcionam ao Criador. Pois todas as criações estão ligadas a Ele por meio da verdade que se expressa na natureza e sem esta verdade não há vida na terra. Então, sem os elementos naturais não seria possível existir vida. Logo, os Santos são aqueles que representam o próprio pó da vida, da qual sem ar, água, elemento árido, fogo não se pode existir vida.

5. São Jorge ou Ogum? O que é Santo?

Um guerreiro será eternamente um guerreiro, e independente da doutrina religiosa, independente do nome de terra, independente do continente que este ser tenha nascido; sua missão espiritual jamais mudará, assim como jamais será reconhecido por outra coisa, senão aquilo que tenha nascido para ser.

No mundo dos vivos ou no mundo dos que já morreram tudo é interpretado de maneira distinta, do ponto de vista do entendimento daquilo que se vive ou experimenta conforme a "roupa" que se traja naquele instante. Porém, uma coisa é certa, tudo o que é permanecerá eternamente. Quando o Criador disse à Moises: Diga que Sou o que Sou! Ele queria nos mostrar que tudo o que nasceu para ser, eternamente será. E ainda que os tempos passem e as nações mudem, todos serão eternamente aquilo que foram nascidos para ser. Isso quer dizer, um guerreiro será eternamente um guerreiro!

Portanto, não importa a doutrina religiosa ou a forma em que será reconhecido nela. Se este será reconhecido como Santo, se será reconhecido como Orixá, se será reconhecido como um mensageiro de Deus, um devoto mártir ou uma sagrada divindade ou então um guerreiro de uma antiga tribo.

Não importa se será reconhecido como médium, sacerdote, pregador ou representante das forças santificadas da natureza ou qualquer que seja o significado oculto. O que importa é o cumprimento de sua missão de terra, pois esta o fará reconhecido por aquilo que nascido foi, e eternamente será.

Então quando nos deparamos com o poder de luta e de batalha deste "servidor das forças ocultas divinas" chamado de Ogum, uma certeza teremos em nossos corações! Suas vestes serão sempre cheias de sangue e de dor, suas mãos terão sempre espadas erguidas para lutar em nome dos mais fracos, seu corpo eternamente carregará as marcas das batalhas da vida travadas com sua própria vida, seu peito carregará o amor mais profundo de um filho leal e fiel ao seu Deus. E em sua cabeça se erguerá sempre uma coroa divina representando o Rei dos Reis ou Aquele à quem serve; provavelmente de quem recebeu os dons e segue os exemplos vindos da terra dos mortos para praticar e ensinar na terra dos vivos.

Portanto essa preocupação ou pouco entendimento entre crer em Ogum ou em São Jorge que muitas vezes afeta nosso entendimento, porém, jamais a nossa fé verdadeira no espírito de luta e de batalha humana e espiritual, fala sobre a personificação de uma entidade carregada de poderes e forças sobrenaturais que independe da religião do nome de terra ou do continente que tenha nascido. Porque, nada impedirá que este ser faça em terra exatamente aquilo que veio fazer.

Pois muitas vezes o que querem nos mostrar é o extremo poder das forças sobrenaturais divinas que todos os homens possuem em terra e dela podem fazer uso, desde que estejam vibrando na corrente de energia que os liga do campo terreno ao campo espiritual através da fonte de energia direta, entre os homens e o Criador. Corrente essa que irradia força de vitalidade ou energia vital ao qual também chamamos de força de luta e de batalha, diante de nossas necessidades de terra.

6. Mártir ou Orixá?

Então não existe entidade mais ou menos santa. Existem servos de Deus cumpridores de missões espirituais passando pelo campo terreno como criaturas vivas, pois é assim que nascem os exemplos vivos que futuramente chamaremos de Mártir, Orixá, Divindade ou Santo em terra.

Porque a passagem terrena de um ser altamente evoluído (Orixás, mártir ou divindade) pelo campo terreno em forma humana cumprindo sua missão celestial é para nos ensinar a atravessar a missão carnal/espiritual, servindo de exemplos vivos. De forma que possamos compreender essas forças divinas que ocultamente nos auxiliam e nos abençoam para que um dia possamos fazer com total consciência as nossas próprias escolhas de batalhas pessoais.

Então o que esta entidade divina carrega dentro de si, ou de onde parte seu poder de forças ou energia espiritual para que possa ser um lutador e cumpridor de sua própria missão? De onde nasce sua energia vital e vibração divina uma vez que em terra foi um ser encarnado como qualquer outro ser humano?

Os Orixás são espíritos altamente evoluídos que estiveram sim em terra para o cumprimento de uma missão, porém carregam dentro de si uma extrema força nascida de uma Fonte de energia direta (fonte de energia divina que é jorrada por Deus) de forma totalmente natural.

Essas fontes de energia direta são encontradas através da junção das energias que naturalmente existem e vibram em campo terreno, nos elementos vivos criados por Deus. Por exemplo: às águas, as matas, o solo árido, o oxigênio e tudo o que possa existir na natureza ou por força da natureza, existe uma fonte de energia divina vibrando luz divina derramada pelo próprio Deus.

Essa vibração que sustenta essa energia de força de luta e de batalha aos quais esses guerreiros tinham, representa aquilo que espiritualmente é derramado naturalmente por Deus sobre a terra e que todos nós podemos utilizar, basta compreendermos como vibra esta específica fonte de energia, e nos conectarmos com ela através da vibração espiritual.

No caso deste guerreiro ou desta entidade chamada Ogum, a fonte que lhe conferia energia e forças ao qual ele revertia para as lutas, são as energias da fonte espiritual que ele foi santificado por Deus, portanto a fonte espiritual em que ele mesmo rege e manipula as energias em terra. Por isso tinha e ainda tem total facilidade e domínio com esse tipo de energia vibracional.

Então o poder de forças que são revertidos para as batalhas e lutas, ou conforme a missão espiritual de cada ser são energias santificadas e governadas por entidades chamadas por nos de Oxum, Ogum, Iemanjá, Oxóssi etc...

O poder de forças de luta e de batalha representa aquilo que espiritualmente Ogum recebeu de Deus para manipular, por isso ele tinha bastante facilidade em lidar com as ferramentas e batalhas e guerras.

Então todas as vezes que falamos sobre dom espiritual ou dom mediúnico, estamos nos referindo a utilização das energias vindas das fontes de energia direta, que são energias manipuladas pelos Orixás para que possamos reverter estas energias para aquilo que é a nossa missão em terra.

Por isso, as ferramentas divinais que aquele ser "homem" desempenhou em terra, são ferramentas divinas que partem do cumprimento da missão dele mesmo como um grande guerreiro.

Mas tudo isso também faz parte de um antigo processo de compreensão das atividades espirituais de um ser encarnado, onde o sincretismo e as lendas já enraizadas nas culturas religiosas, nos faz crer de forma ainda rasa. Pois este é o mesmo processo que nos faz pensar que para crer em São Jorge teríamos que desacreditar em Ogum ou que crer em Ogum seria o mesmo que trair a crença no Santo ou na igreja que o tem como santidade; quando em verdade, tanto um quanto o outro são espíritos com missões semelhantes, utilizando-se da mesma fonte de energia direta para o cumprimento de suas missões em terra. Porque o cumprimento de missões independe da doutrina religiosa, uma vez que esta, está muito mais ligado as crenças interiores e íntimas de cada ser conforme seu processo evolutivo espiritual e não a uma instituição social de terra.

Mas este antigo processo de compreensão das atividades espirituais de um ser encarnado e o sincretismo enraizado como algo errado ou estranho em nosso processo individual de aprendizagem, jamais poderá retirar as verdades de cada um, pois as suas próprias verdades pertencem a você mesmo. Então nos resta respeitar as diversas doutrinas de terra, assim como as diversas crenças de cada ser, pois a verdade de Deus à Deus pertence. Pois nem tudo cabe ao homem saber, apenas crer e seguir suas próprias crenças em direção ao seu Criador.

7. Ogum, santidade sobre as forças vitais

Quando adentramos aos mistérios divinos da vida terrena, nos deparamos com as inúmeras fontes de energia direta entre Deus e o campo terreno. Essas fontes ocultas recobertas de energias santificadas são as fontes espirituais das energias divinas santificadas sobre os elementos orgânicos como as águas, os alimentos (frutos), o elemento árido (solo da terra); o oxigênio, fontes estas que os Orixás manipulam como fontes próprias de luz divina em vossas labutas.

Porém, além destas fontes orgânicas que abastecem a matéria orgânica, também, existem outras fontes de energias santificadas, como por exemplo, as fontes de energias que se transformam em fogo, oxigênio, eletricidade e fluídos essenciais para a vida orgânica terrena.

Isso porque os seres encarnados são compostos de 2 (duas) vertentes, sendo uma a matéria carnal ou vertente orgânica sustentada e alimentada através das fontes espirituais orgânicas e a outra a essência espiritual, que é sustentada e alimentada de forma totalmente espiritual, por meio das fontes de energia vital espiritual. E é exatamente sobre essas fontes de energia que falaremos agora.

Conforme compreendemos os Santos recebem de Deus e derramam sobre a terra (sobre os elementos orgânicos: águas do mar, cachoeiras, elemento árido, frutos) energias santificadas para que a material carnal possa se manter viva. Essas energias são divididas em raios de fluidez sagrada e distintas. Porém não são somente energias orgânicas que se fazem necessárias para que a vida terrena possa existir. Existem também as energias fluídicas essenciais para que o espírito possa se compreender vivo e adquirir evolução que são igualmente jorradas na atmosfera terrena.

Uma delas é chamada de energia vital. E essas fontes igualmente as demais (orgânicas) são jorradas pelos Santos e manipuladas pelos Orixás para nos sustentar o espírito e não a matéria carnal de forma que o espírito possa se experimentar o campo terreno em busca de sua evolução.

E assim como a carne necessita de alimento orgânico, uma vez que é orgânica, o espírito, também necessita do alimento espiritual para sustentar a alma. Porque esta, jamais deixou de ser essência divina por estar em campo terreno cumprindo missão evolutiva de forma expiatória.

E uma destas fontes de alimento espiritual é a "energia vital", conhecida também como energia de luta e batalhas que faz com que o espírito tenha ânimo, vigor e vivacidade, que são sentidos diretamente ligados a fonte de energia vital, para serem revertidos em energia carnal e transformados em vibração espiritual para aquilo que o encarnado deve exercer como sendo dom espiritual para o cumprimento de sua missão espiritual, assim como ocorreu com Ogum para que pudesse ser um vencedor em suas labutas.

Por isso, essa determinada santidade que recebe a missão santificada de manipular essa específica força espiritual de Deus em forma de vitalidade na atmosfera, é chamada de Ogum. Ogum é a entidade que domina esta poderosa fonte de energia capaz de nos tornarmos vitais, vividos e cheios de energia de ânimo, audácia, coragem, determinação. Qualidade essências para a sobrevivência terrena e espiritual diante das labutas missionárias que enfrentará.

Porque ainda que a matéria carnal precise das fontes hormonais carnais para dar força e energia à carne, o espírito que abriga a matéria precisa das fontes espirituais de vitalidade para dar ânimo ao espírito. Pois é a junção das forças carnais com a intenção do espírito cumpridor de missão que faz com que o ser humano cumpridor de missão tenha ânimo, valentia, bravura, garra, potência e forças de decisão.

Essa energia espiritual e santificada chamada vitalidade, é um tesouro muito conhecido no outro mundo onde as batalhas são apenas energéticas. Porque até mesmo os espíritos já desencarnados se utilizam de energias semelhantes para continuarem as suas buscas pessoais e caminho eterno de evolução.

Por isso esta é uma das energias mais importantes para todos os espíritos, sejam encarnados ou não. A capacidade de um espírito bem preparado de absorver e manipular estas energias vitais as transformam em gigantescas potências de forças, alimentadas pelo instinto, pela sabedoria, pela garra, pela ciência, para transformar e alterar e crescer espiritualmente.

Essas são fontes mágicas derramadas também no campo físico e deve ser igualmente conhecida e manipulada pelos encarnados como fontes de sobrevivência diante das batalhas pessoais dos seres.

8. Lutas pessoais e de Ogum

Quando falamos na força de Ogum, que é um Orixá ligado as guerras as forças de luta ao impulso e a coragem, logo imaginamos um guerreiro subindo um monte, junto à vários outros soldados armados lutando contra pessoas ou outras forças espirituais em favor de sua verdade; disposto a matar ou morrer por aquilo que acredita, ainda que sangue possa ser derramado.

Evidentemente que este é o arquétipo do mártir divinizado, chamado de guerreiro dentro das congregações religiosas que os cultuam. Por isso, seja São Jorge ou Ogum, ambos foram guerreiros batalhando com braços fortes em prol de suas crenças e verdades. Porém, ambos foram encarnados atuando em seus caminhos espirituais e de terra lutando com total verdade sobre aquilo que acreditavam. Ou seja, seres encarnados utilizando das forças espirituais divinas jorradas por sobre a terra, para sustentarem suas crenças e verdades, transferindo essas energias vitais em forças de luta para vencerem toda e qualquer batalha que se dispusera a enfrentar com ajuda dos céus.

Então quando falamos de Ogum, logo pensamos no arquétipo ligado as labutas, guerras, conflitos e batalhas. Porém, embora a missão deste grande guerreiro popularmente esteja ligada às lutas, as forças de vitalidade espiritual esta ligada a energia que pode ser utilizada como força de batalha diante de qualquer que seja a batalha, não necessariamente uma guerra.

Mas quando falamos em guerra, logo pensamos em sangue, dor, choro e desesperança como um contexto de natureza má, dotado de sentimentos ruins. Porém quando lembramos que estamos nos referindo a uma fonte de energia divina, estamos nos referindo a algo ligado a bondade, caridade, e benção, ou seja, sentidos, sentimentos e energias santificadas e não em relação a energias ruins.

Isso quer dizer que a escolha de direcionar as energias divinas em prol de algo que não seja bom é totalmente opção de quem as utiliza e não orientação de Orixás.

Então quando o entendimento popular diz que Ogum esta relacionado com as guerras, as lutas e as batalhas, não está se referindo as batalhas sangrentas ou lutas dolorosas. Mas sim as labutas da vida, as lutas diárias para seguir e conquistar tudo aquilo que se deseja.

O ser encarnado é forçado todos os dias a vencer seus próprios desafios e lutar contra seus maiores inimigos que muitas vezes são seus pensamentos maus e seus hábitos de boicote de si mesmo. Quando falamos de lutas nos referimos não necessariamente à luta armada, e sim lutar por aquilo que se acredita, lutar para superar seus medos e fracassos, lutar para se desfazer de seus medos e inseguranças, lutar para crescer espiritualmente, para finalizar seus trabalhos, conquistar seus sonhos, alcançar progresso espiritual e evoluir como pessoa e em espírito.

Às vezes o único meio de progredir e alcançar evolução pessoal e espiritual é através das próprias lutas pessoais, assim como Ogum batalhou e lutou diante daquilo que acreditava e desejava. Porque era exatamente este o motivo de lutar e sair vencedor das batalhas em que travava.

9. Eterno Guerreiro diante de Deus

Quando falamos na força de luta de Ogum, falamos na essência de uma das sete fontes divinas (fonte de energia sagrada jorrada sobre a terra) que é fonte de luz em determinada energia codificada pelo poder de vitalidade, bravura e coragem.

Nisso encontra-se a magia de transformação divina, que transforma uma fonte de energia divina em uma fonte de vibração espiritual material, para que os encarnados possam utilizar das energias santificadas de Deus em favor de suas necessidades de terra, uma vez que os encarnados necessitam das energias sagradas para lutarem e buscarem evolução espiritual.

10. Exércitos de Deus

A missão espiritual está ligada diretamente a evolução e a guerra pessoal de cada espírito diante daquilo que um dia foi ordenado por Deus para que se cumpra em terra ou no elo espiritual. Desta forma, nenhum ser nasce para viver "o nada", todos somos aprendizes de algo muito maior e mais elevado que é a evolução espiritual, então quanto maior a evolução alcançada, maior será a elevação para servir a Deus, conforme o que Ele mesmo deseja para cada espírito, ou cada filho.

É certo que todos os espíritos possuem missões espirituais ao adentrarem ao campo terreno, pois esta é a razão de estarem encarnados.

Então o alcance da elevação espiritual é o alcance da gloria de ser espírito vencedor de todas as batalhas pessoais que são também batalhas espirituais perante as "lições" para os aprendizados que a eles foram entregues, para chegarem aos postos mais altos; onde os mais elevados e evoluídos é a Deus diante daquilo que Ele mesmo selou e cada espírito prometeu no dia em que do seio do Pai eterno foi nascido.

E onde se encontram os espíritos cumpridores de suas batalhas pessoais? Bem, as casas celestiais dos espíritos que alcançaram suas evoluções são também os agrupamentos espirituais, conhecido espiritualmente como os exércitos celestiais, conforme A Bíblia Real Espírita. Os exércitos espirituais são os fortes divinais que atuam conforme as forças, as energias e as emanações de poderes e de glorias e de luz concedidos por Deus para ser e existir em vosso nome, atuando com poderes e forças divinas. Então os espíritos que lá se encontram são os espíritos que alcançaram suas elevações espirituais e honrosamente diante do poder maior se encontram.

Logo, os espíritos que atuam nos agrupamentos divinos ou exércitos espirituais, são os espíritos que aprenderam a conhecer, utilizar e exercer suas tarefas com as energias e forças durante todas as suas passagens de desenvolvimento pelos diversos elos espirituais (o que inclui o campo terreno) das quais passaram, e por isso, se encontram preparados para serem em nome das forças supremas dentro de um exército, um servo ou um trabalhador (soldado) atuando em vosso favor das forças e energias que cada agrupamento detém e rege. Isso quer dizer, utilizando as forças e energias espirituais de cada raio de forças divinas que possui cada um deles.

Por exemplo, cada Orixá representa uma determinada energia e por isso manipula as energias que possui o seu agrupamento de espíritos, uma vez, que foram todos preparados para utilizarem exatamente as energias deste agrupamento. Então a união de todos os espíritos que de lá partem, forma um exército de espíritos, onde todos estão igualmente preparados; um para a cura, outro para o restabelecimento das energias e forças, outro para limpeza das impurezas do corpo e da alma, outro para ajustes e correções dentre outras ordenações. Porém, todos utilizando as energias e emanações da fonte mestra que é a energia divina que circula naquela casa celestial.

Mas como tudo tem um caminho de aprendizado, à pratica para evolução nos prepara para servir ao Senhor Deus diante de nossas próprias promessas, por isso é o caminho da aprendizagem por meio das lutas pessoais, o caminho da evolução ou o caminho da eternidade ao qual foram todos os espíritos nascidos para que em algum momento possam honrar e cumprir os seus votos diante de Deus. Por isso ele nos oferece todas as ferramentas necessárias, alicerces e estruturas para que alcancemos as nossas promessas seladas no dia de nossos nascimento ou no dia mais importante para um espírito, a vossa aparição.

E o que são estas ferramentas? Tudo aquilo que necessitamos para sermos seres vivos e conhecedores do campo terreno, bem como entendimento, sabedoria, conhecimento, ciência, espíritos mais evoluídos para nos auxiliares, espíritos Guias para nos guiarem, fontes de energia direta, fontes estas manipuladas pelos Orixás, os elementos orgânicos, pois somos seres orgânicos e necessitamos nos alimentar de energia que nasce da terra e o principal, a vossa própria luz divina, que torna servos vossos filhos e crentes da vossa luz, amor, caridade e bondade.

11. Ser de Ogum

Ser de Ogum não é simplesmente guerrear, mas é alimentar a alma e dobrar os joelhos em total harmonia com o sagrado; é ser inspiração para as lutas e as batalhas diárias frente os desafios.

É ser soldado e ser humilde para compreender que suas lutas podem também ser as lutas de outros. E que se acaso sair vencedor seja de qual batalha esteja travando, alguém será um perdedor, mas não somente daquela luta e sim de seus sonhos, seus desejos, seus esforços, suas noites de insônia e de angustia, de sua dedicação, sua solidão, de sua vontade, também, verdadeira de vencer sua guerra pessoal.

Ser de Ogum é suportar a dor de quem chora seus sonhos perdidos enquanto outro estenderá o troféu da vitória. É compreender que para vencer é preciso muita garra muito choro e muita luta; mas acima de tudo, muita fé em Deus, nas forças sagradas vindas dos céus e nos Orixás.

É possuir os segredos das vitórias e das derrotas, sendo soldado altivo e fiel dos céus, atuando com as forças mágicas do Criador fazendo jus a toda a esperança e confiança depositada em sua plena e destemida coragem.

Devocionário aos Santos e Servos de Deus

1. Abrigo divino

O campo terreno é um campo de lapidação de almas através das missões que cada espírito encarnado possui. Espiritualmente aqui, é um abrigo sagrado que recebe todas as forças, poderes e emanações de Deus, tornando-se uma casa sagrada para lapidação de almas. E somente se tornando uma casa sagrada poderia mostrar ao ser humano o poder de amor que o Criador possui, quando cria espiritualmente fontes de emanação de energia direta espíritos que recebem para encaminhar para a essa terra, tudo aquilo que somente Ele poderia que são as energias santificadas em forma de amor, caridade, bondade, frutificação, luz, sabedoria, conhecimento, ciência e poder de justiça que somente ele em verdade possui. Porque ainda que os seres de terra tenham tudo isso, isso tudo, foi recebido de algum lugar ou de alguém; e esse lugar é o campo celestial e esse alguém é o próprio Deus, através dos espíritos santificados.

Mas somente com todo esse preparo que a terra recebe e com todas essas emanações cheias de luz divina com o auxílio dos Santos, é possível nascer, crescer e cumprir missão aqui deste lado. Ainda que o campo terreno seja um campo de aprendizado, uma vez que todos os espíritos que aqui se encontram estão de alguma forma buscando sua evolução através de lições espirituais por força de alguma lição que esteja passando, lições estas que muitas vezes chamamos de dificuldades, aqui é o maior campo espiritual e sagrado de amor, caridade e bondade; porque Deus em sua eterna bondade além de nos criarmos espiritualmente, nos concede vivermos neste campo espiritual lindo e capaz de nos atender em todas as nossas necessidades.

Este é o único campo espiritual que possui águas límpidas para nos alimentar e refrigerar, solo sagrado para pisarmos e caminharmos, alimentos que brotam do chão para nos alimentarmos, as aves voam tranquilas e serenas, nos mostrando como a vida pode ser leve, tranquila e divina; aqui temos lindas paisagens e vegetações, oxigênio puro para nos abastecer, as vidas nascem e se renovam todos os dias. E tudo isso somente é possível com a santa e sagrada contribuição dos Santos, que são espíritos altamente preparados e sagrados em nome de Deus que os permitem serem o elo entre Ele e nós seres humanos, filhos aprendizes do que significa o amor verdadeiro.

E os Santos que são estes elos que nos ligam à Deus são a representação do que é o amor divino em sua plenitude, pois tudo fazem por nós, e em nossos nomes. Sem nos perguntar absolutamente nada, sem se importarem se somos bons ou não uns com os outros, sem se importarem se somos verdadeiros em nossas caminhadas ou se estamos aprendendo as lições espirituais ou pregando e fazendo tudo ao contrário do que é a ordem divina. Então os Santos, são a mais pura representação da face de Deus, nos abençoando e nos trazendo luz divina, amor, caridade, piedade, compreensão e justiça divina em forma de alimento espiritual, para o corpo e para alma.

2.Conhecendo os Santos

Deus em vossa plenitude misericordioso permite que os espíritos mais altivos e preparados espiritualmente sejam vossos servos espirituais, nas lutas e serviços Santos, para que faço ou o elo espiritual jamais se quebre diante da vossa verdade. Os Santos são o poder que está em tudo e encontra-se em tudo, porque cada espírito Santo e sagrado é uma ponta deste elo espiritual criado por Deus, para que todos estejam seguros embaixo do manto sagrado de Deus.

Isso quer dizer que mesmo diante das maiores dificuldades de terra, ainda que não possamos falar diretamente com o Criador e lhe pedir socorro, ainda assim existirão aqueles que carregam as forças e energias de Deus e irá levar nossas preces e nos ajudar diante de nossas dores e dificuldades.

O Pai Maior jamais nos abandonará, porque aonde existir uma intenção boa em vosso nome lá Ele estará, ainda que através de um de seus servos, os Santos, que carregam as vossas energias santi-